DWY DDRAMA HA HA! 4

PLA'R GWYLANOD ac A OES HEDDWCH?

Argraffiad cyntaf: 2021
Hawlfraint: yr awduron

Cedwir pob hawl.
Ni chaniateir atgynhyrchu unrhyw ran o'r cyhoeddiad hwn,
na'i gadw mewn cyfundrefn adferadwy, na'i drosglwyddo mewn
unrhyw ddull na thrwy unrhyw gyfrwng, electronig, electrostatig, tâp magnetic,
mecanyddol, ffotogopïo, recordio, nac fel arall.
Mae'r awduron yn rhoi caniatâd i bob cwmni drama cymdeithasol i berfformio'r
dramâu hyn fel rhan o nosweithiau a chystadlaethau a gwyliau drama.
Nid oes rhaid cysylltu â'r awduron i sicrhau'r caniatâd hwnnw ac ni chodir
tâl perfformio am y cynyrchiadau hynny.

Rhif Llyfr Safonol Rhyngwladol: 978-1-84524-410-1

Cynllun clawr a dylunio: Eirian Evans

Cyhoeddir gan bwyllgor Gŵyl Ddrama'r Odyn
gyda chymorth Cronfa Fferm Wynt Coedwig Clocaenog
a nawdd Gwasg Carreg Gwalch, Llanrwst

Yr Odyn, papur bro Nant Conwy, oedd y papur bro cyntaf i gynnal Gŵyl Ddrama flynyddol er mwyn codi arian at gynnal y papur. Cynhaliwyd y gyntaf yn 1978 ac o'r dechrau un daeth doniau a miri cymdeithasol yr ŵyl yn rhan o galendr blynyddol yr ardal. Mae'r ŵyl yn dal i gael ei chynnal yn flynyddol – er bod cyfnod clo'r pandemig diweddar wedi golygu gohirio'r ŵyl ddiweddaraf. Mae'r ŵyl hon yn anad yr un arall felly yn ymwybodol o'r angen am fwy o ddramâu cymdeithasol i gadw'r math hwn o ddiwylliant yn fyw yn ein cymunedau. Dyna pam yr aeth y pwyllgor ati i gasglu dwsin o ddramâu defnyddiol at ei gilydd a threfnu'r nawdd fel bod modd adfer y math hwn o fwrlwm theatrig a oedd yn rhan o ddiwylliant Cymru yn y gorffennol.

Cynllun y clawr wedi'i godi o lun Clwb Ffermwyr Ifanc Pontsiân yn perfformio'r ddrama 'Oli', sy'n rhan o'r gyfres hon, gan Carwyn Blayney, Cennydd Jones ac Endaf Griffiths a ddaeth yn fuddugol yng Ngwledd Adloniant C.Ff.I. Cymru yn Galeri, Caernarfon, ym mis Chwefror 2020.

YN Y LLUN: *(o'r chwith)* Cennydd Jones, Carwyn Blayney, Glesni Mai Thomas, Gwion Ifan, Siriol Teifi ac Endaf Griffiths

PLA'R GWYLANOD

gan

Eirlys Wyn Tomos

PLA'R GWYLANOD

GOLYGFA:

Lolfa yng nghartref hen ferch gysetlyd, dodrefn lolfa arferol ond bod angen ffenestr mewn lle amlwg. Dau ddrws un bob ochr y llwyfan, un o'r tu allan ac un i mewn i'r gegin. Bydd angen sŵn gwylanod. Gellir defnyddio ci go iawn neu gi tegan.

CYMERIADAU:

Miss Jones-Davies	hen ferch
Llew Williams	dreifar lori
Gwen Puw	athrawes
Timothy Hawkins	ficer y plwy
Ron Rowlands	dyn cludo parseli
Julie James	gwraig drws nesa'
PC Roberts	plismon
Smwt	y ci

GOLYGFA

Agorir y llenni a gwelir lolfa wag yng nghartref yr hen ferch, Miss Jones-Davies. Clywir sŵn aflafar gwylanod yn y cefndir. Mae Miss Jones-Davies yn rhuthro i mewn wedi cynhyrfu'n lân ac yn cario Smwt yn ei breichiau.

MISS JONES-DAVIES: (yn gweiddi dros y lle) BLINCIN GWYLANOD! O diar! Fydda i byth yn dweud geiriau fel yna… ond mae'r hen wylanod 'ma wedi fy ngwneud i'n nerfws wrec… mae nhw'n niwsans glân… a dw i ar bigau'r drain drwy'r amser yn dydw i Smwt bach? Dw i 'di cael llond bol! O! gwell i mi eistedd i lawr wir i drïo tawelu dipyn …

Sŵn y gwylanod yn uwch eto ac aiff Miss Jones-Davies i edrych drwy'r ffenestr.

MISS JONES-DAVIES: O caewch eich cegau wir! BLINCIN GWYLANOD 'na eto wedi gwneud llanast ar y ffenest a finnau newydd ei lanhau! Dw i bron a mynd yn wallgo efo'u sŵn a'u llanast, a mi rwyt tithau Smwt bach wedi cael digon arnyn nhw hefyd yn dwyt? T'yd wir Smwt bach, i dy gaets yn y cefn i ti gael dipyn o lonydd.

Y ddau'n mynd allan drwy'r drws i'r gegin.

Daw Gwen Puw i mewn drwy'r drws arall â golwg flin arni. Mae hi'n taflu ei bag ysgol yn llawn llyfrau i'w marcio ar y soffa ac yn edrych allan drwy'r ffenestr.

GWEN PUW: O'r cnafon gwylanod 'na! Wedi baeddu ar fy nghar newydd sbon. Ych a fi! Ma' nhw'n niwsans glân! Ac o diar, ma' nhw wedi gwneud llanast ar y ffenest… druan o Miss Jones-Davies yn gorfod glanhau ar eu holau nhw o hyd ac o hyd.

Sŵn y gwylanod yn uwch eto.

GWEN PUW: Dyna ddigon! Fedra i ddim diodde rhagor… dw i 'di cael llond bol… sŵn yr hen wylanod 'ma ddydd a nos… rhaid i mi chwilio am rywle arall i fyw yn ystod yr wythnos.

Daw Miss Jones-Davies i mewn.

MISS JONES-DAVIES: Be? Dech chi'n mynd i chwilio am le arall? Dech hi ddim yn hapus yma?

GWEN PUW: Dw i'n hapus iawn efo popeth ond…

MISS JONES-DAVIES: Y GWYLANOD 'ma ie?

GWEN PUW: Ie siŵr… dech chi wedi rhoi croeso arbennig i mi, dw i wedi bod mor hapus yma tan i'r hen wylanod swnllyd 'ma ddod i ddifetha popeth.

MISS JONES-DAVIES: Rhaid i ni drïo cael gwared ohonyn nhw 'te.

GWEN PUW: Fedrwn ni ddim! Mae'r gyfraith yn gwarchod yr hen wylanod 'ma!

MISS JONES-DAVIES: Wir?

GWEN PUW: Gwir pob gair!

MISS JONES-DAVIES: Does 'na ddim byd fedrwn ni wneud felly?

GWEN PUW: Dim byd, ond gobeithio y byddan nhw'n mynd yn ôl i lan y môr cyn bo hir, a gwynt teg ar eu holau nhw ddweda i!

MISS JONES-DAVIES: Gobeithio'r gore 'te? Gymrwch chi baned a chacen?

GWEN PUW: Na, ddim diolch. Gwell i mi fynd i olchi'r car. Ma'r hen wylanod 'na 'di baeddu fy nghar newydd i!

MISS JONES-DAVIES: Mi wna i olchi'r car i chi! Y peth lleia fedra i neud.

GWEN PUW: Bobol bach! Na wnewch siŵr! Ond diolch yr un fath i chi am gynnig. Fy nghar i ydi o, ac nid eich bai chi ydi'r llanast arno, ond y gwylanod!

MISS JONES-DAVIES: Ond dydw i ddim eisiau i chi fynd oddi yma, dw i'n hoffi cael eich cwmni yn ystod yr wythnos, a dw i'n brysur efo gwaith yr eglwys dros y penwythnos yn helpu'r ficer (yn gwenu fel giât) ac mae'r amser hwnnw'n mynd mor gyflym.

GWEN PUW: Dech chi wrth eich bodd yn helpu'r ficer efo gwaith yr eglwys felly?

MISS JONES-DAVIES: (yn dal i wenu) Wn i ddim am hynny! Falle bydd gan y ficer syniad be i wneud efo'r gwylanod 'ma. Mi wna i ofyn iddo pan wela i o.

GWEN PUW: Dech chi'n benderfynol fy mod am aros yma felly?

MISS JONES-DAVIES: Ydw wrth gwrs! Ond ma'r hen wylanod 'ma'n fy ngyrru bron o'm cof, a dw i ddim yn gwybod beth i'w wneud.

GWEN PUW: Gofyn i'r ficer, mae o yma i gysuro ac i roi help llaw i bawb. Peidiwch â phoeni rŵan, mi newn ni i gyd feddwl am rywbeth. Felly, peidiwch ag ypsetio, eisteddwch ac ymlaciwch tra bydda i allan yn golchi'r car.

Miss Jones-Davies yn eistedd a Gwen Puw ar fin mynd allan pan glywir sŵn y gwylanod eto ac mae Miss Jones-Davies yn neidio ar ei thraed a sgrechian!

MISS JONES-DAVIES: Dw i'n mynd yn nerfws wrec efo'r BLINCIN GWYLANOD! O sori, sori!

GWEN PUW: Popeth yn iawn! Deall yn iawn. Rŵan 'steddwch ac mi wna i baned i chi.

MISS JONES-DAVIES: 'Sgen i ddim mymryn o awydd paned hyd yn oed, a minnau mor hoff o mhaned!

Aiff Gwen Puw allan am y gegin a daw Llew Williams i mewn yn wyllt o'r drws arall.

MISS JONES-DAVIES: Bobol bach Llew Williams! Be sy'n bod? Dech chi wedi cael y sac neu rhywbeth? Dech chi ddim adre mor gynnar â hyn fel arfer!

LLEW WILLIAMS: Y blwmin gwylanod 'na! Ylwch y baw ar fy oferols newydd! Tase gen i wn mi faswn i'n saethu'r diaw… blincin lot! A finnau 'di gorffen yn gynnar i fynd i weld y gêm bêl-droed!

Daw Gwen Puw i mewn efo bwced a sbwnj golchi car yn ei llaw.

GWEN PUW: Dech chi 'di edrych ar eich cap?

LLEW WILLIAMS: (yn tynnu ei gap) O'r mawredd! Y cnafon budur! Ma' nhw eisiau corcyn yn eu pen olau! Ddoe, baw ar fy mag, a heddiw hyn! Sori ond dw i 'di cael digon! Dw i'n mynd i edrych am lojins arall! Dim byd yn eich erbyn chi Miss Jones-Davies, dw i di cael llety gwerth chweil yma ond fedra i ddim diodde rhagor!

MISS JONES-DAVIES: Reit te! Mi wna i olchi'ch oferols a'ch cap chi! Mi fydda nhw'n barod erbyn bore fory i chi.

LLEW WILLIAMS: Iesgob annwyl! Na wnewch wir!

MISS JONES-DAVIES: Fi 'di'r bos cofiwch! A beth bynnag y peiriant fydd yn gwneud y gwaith felly dyna fo, iawn?

LLEW WILLIAMS: Os dech chi'n dweud!

GWEN PUW: Wel wir, well i mi fynd i olchi'r car 'na cyn i faw'r gwylanod 'na sychu'n grimp!

Gwen Puw yn mynd allan.

LLEW WILLIAMS: Be? Ydi'r blincin gwylanod 'na 'di gwneud llanast ar gar newydd Gwen Puw hefyd? Wel, myn cwtrin i! 'Sgynnoch chi ddim gwn yn digwydd bod yn y tŷ Miss Jones-Davies?

MISS JONES-DAVIES: (yn syn) Bobol bach, nagoes siŵr!

LLEW WILLIAMS: Dim ond gofyn, achos does gen i ddim ofn saethu'r di…

MISS JONES-DAVIES: Peidiwch chi a meiddio torri'r gyfraith tra dech chi yn y tŷ yma dallt?

LLEW WILLIAMS: Dallt yn iawn, sori!

MISS JONES-DAVIES: Reit te! Tynnwch yr oferols 'na i mi gael eu golchi nhw.

LLEW WILLIAMS: Iawn Miss! Dech chi'n swnio fel rhyw athrawes rŵan!

Mae o'n trio tynnu'r oferols ond yn cael cryn drafferth.

LLEW WILLIAMS: Iesgob! Ma nhw'n gwtrin o dynn! Dw i'n stryglo! Dewch, helpwch fi!

Aiff Miss Jones-Davies i'w helpu a thra mae nhw ar hanner dad-wisgo daw cnoc ar y drws a daw'r ficer i mewn.

FICER: Oooooo! Sori i dorri ar draws!

MISS JONES-DAVIES: Be dech chi'n feddwl Ficer?

FICER: Gweld chi a'r dyn 'ma'n cael dipyn o hwyl! Tipyn o fisdimanars!

LLEW WILLIAMS: (yn wyllt) Misdimanars? Rhag y'ch cwilydd chi! Dim ond lojar dw i yma am rai dyddiau. (yn fygythiol) Ac ylwch chi, mae gen i wraig a phlant adre yn Sir Fôn!

FICER: Mae'n ddrwg gen i! Mae'n ddrwg gen i! Dim ond tynnu coes o'n i! Sori, sori Mr Williams, sori Jane.

LLEW WILLIAMS: Jane ie? O wela i! Chi'ch dau sy'n cael affêr ie?

MISS JONES-DAVIES: (yn gynhyrfus) Bobol bach! Nage!

FICER: Cyfeillion yr Eglwys yden ni, dyna'r cwbwl! Mae Miss Jones-Davies yn weithgar iawn yn yr eglwys, wyddoch chi. Wn i ddim beth faswn i'n gwneud hebddi wir!

MISS JONES-DAVIES: (yn gwenu) Diolch Timothy …y… Ficer!

LLEW WILLIAMS: Timothy ie? Wel, wel… mae'r gath allan o'r cŵd rŵan heb os nag oni bai! Pwy fase'n meddwl? Rargian! Dech chi'ch dau wedi cadw hyn yn ddistaw! Taflu llwch i'n llygaid ni! Cyfeillion yr eglwys myn cwtrin i! Caru ar y slei pan dw i a Gwen Puw ddim yma ie? Iesgob! Dech chi'n fwy o fois nag oeddwn i'n feddwl, a ddim mor ddiniwed chwaith! Ond erbyn meddwl dech chi'n siwtio'ch gilydd i'r dim! Pryd mae'r briodas?

Ar hyn daw Gwen Puw i mewn efo'i bwced.

GWEN PUW: Priodas? Priodas? Pwy sy'n priodi?

LLEW WILLIAMS: Miss Jones-Davies a'r Ficer!

GWEN PUW: (mewn sioc) BE?!

MISS JONES-DAVIES: (yn gynhyrfus) Na… na… dim sôn am briodas! Ffrindiau yden ni, ynte Ficer?

FICER: Ie, ie, os dech chi'n deud Jane.

GWEN PUW: Ma'na rywbeth yn mynd ymlaen, o oes!

LLEW WILLIAMS: (mewn fflach) Iesgob! Dw i di cael brênwêf! Tasech chi'ch dau'n priodi mi fase hynny'n datrys problem y gwylanod 'ma i chi Miss Jones-Davies!

MISS JONES-DAVIES: Sut hynny?

LLEW WILLIAMS: Wel, mynd i fyw i'r Ficerdy siŵr iawn! Wel, dwedwch rhywbeth yn lle syllu arna i fel 'na heb ddweud bw na be! Wel, be dech chi'n feddwl o'r brênwêf?

FICER: (yn bwyllog) Dech chi'n rhoi'r ceffyl o flaen y cart rŵan!

LLEW WILLIAMS: (yn gwenu) Y drol o flaen y ceffyl dech chi'n feddwl ie Ficer?

FICER: Ie, ie, dech chi yn llygad y'ch lle!

GWEN PUW: Dech chi'n teimlo'n iawn Ficer? Dech chi'n edrych reit gwelw yn ddigon sydyn.

FICER: Ydw, dw i'n iawn diolch. Jyst dipyn o sioc y'ch bod chi wedi dallt am Jane a minnau. Cyfrinach ni oedd hyn!

LLEW WILLIAMS: Ew! Dydw i'n dipyn o foi! Wedi gweld bod yna rywbeth rhyngoch chi'ch dau ac wedi datrys problem y gwylanod! Felly bydd 'na briodas cyn bo hir?

MISS JONES-DAVIES: Peidiwch â malu awyr wir Llew Williams! Dech chi ddim yn gwybod am beth dech chi'n siarad!

LLEW WILLIAMS: Dim ond trio helpu o'n i!

MISS JONES-DAVIES: (yn awdurdodol) Ewch â'r oferols a'r cap i'r cefn rŵan, mi wnai eu golchi nhw nes mlaen. (yn seboni) Tybed fasech chi'n mynd a Smwt bach am dro? Mae'r cradur di bod yn ei graets ers tro.

LLEW WILLIAMS: O dw i'n ddigon da i rywbeth felly!

FICER: Dw i'n siŵr y gwnewch chi Mr Williams.

LLEW WILLIAMS: O ie! Eisiau esgus i ga'l gwared ohona i! Er mwyn i chi a Miss Jones-Davies ga'l cydl bach!

FICER: Nage siŵr! Dim o'r fath beth! Achos ma'... Miss Puw efo ni!

GWEN PUW: Hint, hint! Dallt yn iawn! Mi â inne i'r llofft i farcio.

MISS JONES-DAVIES: Peidiwch â bod mor wirion! Arhoswch yma efo ni. A Llew Williams, newch chi fynd â Smwt am dro?

LLEW WILLIAMS: Wrth gwrs! Ma Smwt a minnau'n dipyn o fêts!

MISS JONES-DAVIES: Dw i'n gwybod hynny. Ond cadwch lygad allan am y gwylanod.

LLEW WILLIAMS: Iawn! Dewch Gwen Puw, mi awn ni i'r ddau yma ga'l dipyn o hanci panci!

FICER: (yn flin) Rhag y'ch cwilydd chi Mr Williams!

MISS JONES-DAVIES: Gwell I chi fynd wir cyn I chi ddweud rhagor!

LLEW WILLIAMS: (yn gellweirus) Joiwch!

Llew Williams a Gwen Puw yn mynd allan.

FICER: Tipyn o gês 'di Mr Williams 'n de Jane?

MISS JONES-DAVIES: Ie, ond mae o'n eli i'r galon weithiau! Dweud pethe gwirion, dipyn o hwyl a sbri!

FICER: (yn ddireidus) Dech chi ddim yn ffansïo fo Jane?

MISS JONES-DAVIES: (yn flin) Bobol bach! Nacdw! Does ganddo fo wraig a phlant?

FICER: Ond y dyddie yma, mae dynion oddi cartre yn beryg bywyd!

Sŵn gwylanod eto!

MISS JONES-DAVIES: (yn neidio ar ei thraed yn wyllt) O caewch eich cegau wir!

FICER: (yn edrych yn syn) Jane, Jane! Peidiwch â gadael i'r gwylanod 'ma eich ypsetio!

MISS JONES-DAVIES: Ma'r gwylanod 'ma a chi cyn waethed â'ch gilydd!

FICER: (yn ddiniwed) Be? Fi hefyd? A be dw i 'di neud i chi Jane?

MISS JONES-DAVIES: Dech chi wedi fy mrifo i Timothy, yn dweud y fath beth.

FICER: Dydw i ddim yn dallt!

MISS JONES-DAVIES: Gwell i chi fynd wir, os ma dyna'r cwbwl o feddwl sy' gynnoch chi ohona i.

FICER: Ond dw i dal ddim yn dallt!

MISS JONES-DAVIES: Dech chi wedi fy mrifo i'n deud mod i'n ffansïo Llew Williams.

FICER: Dim ond tynnu coes o'n i Jane "my dear." Mae gen i ormod o feddwl ohonoch chi i feddwl ffasiwn beth.

MISS JONES-DAVIES: Wir rŵan?

FICER: Wrth gwrs Jane "my dear!" Dewch i eistedd ar y soffa i ni ga'l cydl bach.

MISS JONES-DAVIES: (yn gwenu) O Timothy! Dech chi mor lyfli! Ond…

FICER: Ond be' rŵan?

MISS JONES-DAVIES: Be tase rhywun yn ein gweld?

FICER: Be di'r ots? Mi fyddwn ni'n ŵr a gwraig cyn bo hir beth bynnag. Hynny ydi os dech chi eisie bod yn wraig i mi?

MISS JONES-DAVIES: Dech chi'n gofyn i mi fod yn wraig i chi Timothy?

FICER: Ydw siŵr!

MISS JONES-DAVIES: (yn gafael amdano) O Timothy!

FICER: Wel?

MISS JONES-DAVIES: Gofynnwch i mi yn iawn te ar eich gliniau ar y llawr!

FICER: Rhywbeth i chi "my dearest!"

Y ficer yn mynd ar un benglin o'i blaen.

FICER: Jane, "my dear," wnewch chi fod yn wraig i mi?

MISS JONES-DAVIES: (yn gafael amdano a gweiddi nerth ei phen dros y lle) GWNAF!! GWNAF!!

Yr eiliad honno daw Ron Rowlands i mewn efo parsel o dan ei fraich.

RON ROWLANDS: Blymin 'ec! Dech chi'n iawn Miss Jones-Davies? Ydi hwn wedi ymosod arnoch chi?

Ron yn mynd at y Ficer a gafael ynddo yn frwnt.

RON ROWLANDS: Rhag y'ch cwilydd chi yn ymosod ar hen ferch ddiniwed! Chi o bawb! Ficer y plwy yn ymosod ar rywun diniwed! Gwraig dech chi eisie boio!!

MISS JONES-DAVIES: Stopiwch! Stopiwch!

Ar hynny mae Gwen Puw yn rhuthro i mewn.

GWEN PUW: Be sy'n mynd ymlaen? Be di'r holl weiddi 'ma?

Yna mae Llew Williams yn rhuthro i mewn yn wyllt a mynd at Ron Rowlands, gafael ynddo a'i lusgo i ffwrdd.

LLEW WILLIAMS: Be gwtrin wyt ti'n wneud?

RON ROWLANDS: (yn ofnus) Y… y… y… dim… byd… y… y… meddwl… b… b… bod… y… F… F… Ficer yn y… ymosod… ar … Miss!

GWEN PUW: Dech chi'n iawn Miss Jones-Davies?

MISS JONES-DAVIES: Ydw siŵr! Ond Llew Williams, ble mae Smwt? Ydi o'n iawn?

LLEW WILLIAMS: Ma' Smwt yn iawn!

MISS JONES-DAVIES: Ond ble ma' o?

LLEW WILLIAMS: Ar y tennyn wrth y drws cefn.

FICER: O'n I'n meddwl y'ch bod chi wedi mynd â Smwt am dro?

LLEW WILLIAMS: O'r diwedd dech chi'n rhoi eich pig i mewn Ficer! Do siŵr, ond mi glywes y gweiddi mawr wrth fynd heibio a meddwl bod rhywun yn ymosod ar Miss.

MISS JONES-DAVIES: Twt lol botes! Dw i'n iawn siŵr! A beth bynnag, roedd gen i Timothy i edrych ar fy ôl.

Gwen Puw a Llew Williams yn edrych ar ei gilydd yn gellweirus a dweud efo'i gilydd:

GWEN A LLEW: TIMOTHY! WAW!

LLEW WILLIAMS: Pethe'n dechrau poethi rhyngoch chi!

GWEN PUW: A be' am y briodas? Oes 'na briodas? Dw i bron â marw eisie gwybod!

FICER: Wel, waeth i chi gael gwybod o lygad y ffynnon, mae Jane wedi cytuno i fod yn wraig i mi… o'r diwedd!

GWEN PUW: Priodas! Grêt!

RON ROWLANDS: Rasmws Dafydd! Chi a'r Ficer yn p…priodi? O'r mawredd!

Mae o'n gollwng y parsel yn glewt ar y llawr.

GWEN PUW: (yn awdurdodol) Codwch y parsel yna ar unwaith a dewch â fo i mi ei agor rhag ofn bod rhywbeth wedi torri!

MISS JONES-DAVIES: Na…na… peidiwch a'i agor! Dim byd i dorri ynddo!

RON ROWLANDS: Diolch i'r nefoedd!

LLEW WILLIAMS: Be'dech chi'n guddio yn y parsel 'na tybed Miss?

MISS JONES-DAVIES: Dim byd! Dim byd! Rhywbeth preifat… personol!

FICER: (yn gellweirus) Dech chi'n cuddio rhywbeth oddi wrtha i Jane?

MISS JONES-DAVIES: Nacdw siŵr!

RON ROWLANDS: Rhywbeth "fishy" yn mynd ymlaen fan hyn!

LLEW WILLIAMS: Cau di dy geg! Ti sy wedi achosi hyn!

RON ROWLANDS: Sori! Sori!

FICER: Falle fod 'na goban nos secsi ddu yn y parsel!

Pawb yn edrych ar ei gilydd mewn syndod.

PAWB: FICER!!

MISS JONES-DAVIES: Rhag cywilydd i chi Timothy!

FICER: Mae'n ddrwg gen i! Mae'n ddrwg gen i!

LLEW WILLIAMS: Agorwch y parsel yna wir Gwen Puw!

MISS JONES-DAVIES: Na! Na! Na! Peidiwch plis!

RON ROWLANDS: Oce, oce! Fi ollyngodd y parsel felly fi ddyle ei agor!

MISS JONES-DAVIES: Na! Na! Plis peidiwch!

Mae Ron Rowlands yn agor y parsel a thynnu llyfr allan a'i ddangos i bawb â gwên fawr ar ei wyneb!

RON ROWLANDS: FIFTY SHADES OF GREY!

PAWB: (mewn syndod) FIFTY SHADES OF GREY!

MISS JONES-DAVIES: (wedi ypsetio'n arw) Doedd gynnoch chi ddim hawl i agor y parsel Ron Rowlands! Mi wna i eich riportio chi am hyn!

RON ROWLANDS: O na! Sori! Sori!

MISS JONES-DAVIES: Chi a'ch sori! Ewch o'ma o ngolwg i wir…rŵan… Cyn i mi ffonio'ch bos chi!

RON ROWLANDS: Iawn! Iawn! Gwell i mi ei heglu am y mywyd!

Aiff Ron Rowlands allan ar hast.

MISS JONES-DAVIES: Gwynt teg ar 'i ôl o! Y cnaf digwilydd!

GWEN PUW: Wyddwn i ddim eich bod chi mor rhamantus Miss Jones-Davies yn hoffi llyfrau secsi fel hyn?

MISS JONES-DAVIES: Peidiwch chi a dechrau hefyd Gwen Puw.

LLEW WILLIAMS: Ga i fenthyg y llyfr i'w ddarllen?

FICER: (ar fyrder) Na chewch wir! Mae rhywun wedi gwneud camgymeriad! Nid y llyfr yma roedd Jane wedi ei archebu! Mi wnawn ei anfon yn ôl ben bore fory a gofyn am y llyfr iawn! Cytuno Jane?

MISS JONES-DAVIES: Y… ydw siŵr!

LLEW WILLIAMS: Bechod! Be' oedd enw'r llyfr arall?

FICER: Dydy hynny ddim o'ch busnes chi!

LLEW WILLIAMS: O! Wela i! Rhyfedd yn 'te? Dech chi'ch dau yn y potes yma yn ôl pob golwg!

FICER: O'n i'n meddwl y'ch bod chi ar fin mynd â Smwt am dro eto!

LLEW WILLIAMS: Dech chi'n trio ca'l gwared ohona i? Reit 'te… dw i'n cymryd yr "hint!"

Llew Williams yn cychwyn mynd.

MISS JONES-DAVIES: Cyn i chi fynd, a gan bod y gath allan o'r cŵd am Timothy a fi…

LLEW WILLIAMS: (yn ddireidus) Iesgob annwyl! Dech chi rioed yn cael cathod bach hefyd!

MISS JONES-DAVIES: Peidiwch â gwamalu wir!

LLEW WILLIAMS: Tipyn o dynnu coes yn gwneud dim drwg i neb!

MISS JONES-DAVIES: Mynd i ofyn o'n i, cyn i chi dorri ar fy nhraws, tybed fasech chi'n gwneud ffafr â fi?

LLEW WILLIAMS: Wrth gwrs! Rhywbeth i chi!

MISS JONES-DAVIES: Gan ein bod wedi sôn am y briodas cyn helynt y parsel, tybed fasech chi'n fodlon, ar ddydd y briodas, i fy nhywys at yr allor yn yr eglwys? Sgen i ddim perthnasau.

LLEW WILLIAMS: Pwy? Fi?

MISS JONES-DAVIES: Ie, chi Llew Williams! Wel?

LLEW WILLIAMS: Y…wn i ddim! Y…y baswn siŵr! Ond ar un amod!

MISS JONES-DAVIES: Be' di hwnnw?

LLEW WILLIAMS: (yn gellweirus) Bod y wraig a'r plant yn cael dod i'r briodas!

MISS JONES-DAVIES: Wrth gwrs!

LLEW WILLIAMS: Tynnu coes o'n i! Mi a i rŵan â Smwt am dro ac mi wna i ei warchod rhag yr hen wylanod yna!

GWEN PUW: Mi ddo i efo chi! Mi wnaiff tipyn o awyr iach les i mi ar ôl yr holl halibalw yma!

Llew a Gwen yn cychwyn allan.

MISS JONES-DAVIES: Arhoswch funud Gwen Puw! Ga i ofyn ffafr i chi hefyd?

GWEN PUW: Wrth gwrs!

MISS JONES-DAVIES: Wnewch chi fod yn forwyn briodas i mi?

GWEN PUW: (yn syn) Pwy? Fi?

MISS JONES-DAVIES: Ie! Chi Gwen Puw!

GWEN PUW: Mi fase hynny'n fraint ac yn bleser achos dech chi wedi bod mor garedig efo fi fel lojar.

FICER: Dyna hynna wedi setlo te!

GWEN PUW: (yn feddylgar) Ond… mi fyddwch chi'n symud i'r Ficerdy ar ôl priodi. Be wna i a Llew Williams wedyn?

LLEW WILLIAMS: Rargian fawr! Dw i ddim eisie aros yma efo'r gwylanod 'ma!

Sŵn gwylanod eto!

LLEW WILLIAMS: O! Caewch eich cegau wir!

FICER: (yn bwyllog) 'Sdim rhaid i chi boeni am hynny, gewch chi a Gwen Puw ddod i lojio efo Jane a fi yn y Ficerdy! Lle tawel, hyfryd ynghanol y wlad… Hynny yw os dech chi'n fodlon ynte Jane?

MISS JONES-DAVIES: Ar bob cyfri! Diolch Timothy am fod mor feddylgar.

FICER: Dyna hynna wedi setlo! A rŵan, does dim rhaid i chi boeni felly ewch rŵan eich dau!

LLEW WILLIAMS: Dallt yn iawn! Eisie'r lle i chi'ch hunain ie? Dewch Gwen Puw, iddyn nhw gael llonydd!

Aiff Llew a Gwen allan.

FICER: Tawelwch! Llonyddwch o'r diwedd! A dim sŵn gwylanod! Bendigedig!

Y golau'n pylu ar y llwyfan. Golau spot ar Julie James, y wraig drws nesa, sy'n gwthio pram babi'r ferch i lawr o gefn y neuadd tua'r llwyfan.

JULIE JAMES: (yn gweiddi dros y le) O'r bygars budr! Blymin gwylanod wedi baeddu ar y pram! Y moch budr! (yn edrych fyny at y nenfwd) Gwnewch yn fawr o'ch amser y cnafon drwg! Pan ddaw Jim adre o'i waith, mi wnaiff o saethu bob un ohonoch, y blincin lot ohonoch!

Julie yn diflannu drwy'r drws a daw'r golau ymlaen ar y llwyfan a daw Julie James i mewn yn wyllt i ddangos y llanast ar y pram.

JULIE JAMES: Y blymin gwylanod ma! Ylwch y llanast ar y pram! Chi di'r bai am hyn i gyd Miss Jones-Davies yn bwydo'r cnafon!

FICER: Hold on rŵan Mrs James, dydy Miss Jones-Davies rioed wedi bwydo'r gwylanod!

MISS JONES-DAVIES: Naddo siŵr!

JULIE JAMES: Wel, pam mae nhw o gwmpas y'ch tŷ chi o hyd te?

MISS JONES-DAVIES: 'Sgen i ddim syniad!

FICER: Falle ma'ch gŵr chi sy'n rhoi bwyd iddyn nhw.

JULIE JAMES: Be' ddudsoch chi, Ficer?

FICER: Wel mae o'n hoff o anifeiliaid ac adar.

JULIE JAMES: Fase Jim ni byth yn rhoi bwyd I'r bygars! Na, nefar in Ewrop gwd boi! A phan ddaw Jim adre mi wnaiff o saethu'r blwmin lot!

FICER: Ond fedrith o ddim gwneud hynny, mae o'n erbyn y gyfraith.

JULIE JAMES: Be'di'r ots am y blwmin gyfraith ddweda i! Pwy sy'n mynd i weld hynny'n digwydd ynghanol nos? Oni bai eich bod chi, Ficer, yn agor eich ceg!

MISS JONES-DAVIES: Fase Timothy byth yn gwneud hynny!

JULIE JAMES: O! Blincin hec! Timothy ie? Mi rydach chi'n fwy na ffrindiau'r eglwys felly! Waw! Am newyddion! Sgŵp go iawn! Pwy fase'n meddwl? Ies!!

Julie James yn rhuthro allan dan wenu.

MISS JONES-DAVIES: O diar! Mi fydd ein hanes ni ar hyd ac ar led y pentre rŵan, fel tân gwyllt! Does neb fel Mrs James am hel clecs!

FICER: Be di'r ots? Mi fyddwn i'n ŵr a gwraig cyn bo hir Jane!

Daw Llew Williams a Gwen Puw yn ôl gyda Smwt sydd â phlu yn ei geg!

MISS JONES-DAVIES: (yn syn ac wedi cael braw) O'r mawredd! Mae Smwt 'di lladd gwylan!

LLEW WILLIAMS: Does neb yn mynd i wybod!

MISS JONES-DAVIES: Ond mi fydda i o flaen fy ngwell rŵan.

GWEN PUW: Na fyddwch siŵr! Damwain oedd o!

FICER: Peidiwch â phoeni rŵan Jane, mi fydda i'n gefn i chi beth bynnag wnaiff ddigwydd. Mi fydda i yno bob amser.

Sŵn seiren car plismon.

MISS JONES-DAVIES: O na! Plismon! Ma rhywun wedi fy riportio i'n barod! O be wna i? Be wna i?

FICER: (yn ceisio ei chysuro) Falle mai…

Cnoc ar y drws.

MISS JONES-DAVIES: O na!

Cnoc arall ar y drws ac mae Llew Williams yn mynd i'w ateb.

LLEW WILLIAMS: Dewch i mewn.

MISS JONES-DAVIES: (yn gynhyrfus) Sori! Sori! Sori!

PLISMON: Sori am beth?

FICER: Dydy Miss Jones-Davies ddim wedi gwneud dim byd.

MISS JONES-DAVIES: Dydw i ddim eisie mynd i'r jêl!

PLISMON: Am be' dech chi'n mwydro madam?

MISS JONES-DAVIES: Na! Dydw i ddim 'di mwrdro neb wir!

PLISMON: Dw i'n gwybod hynny! Ond mae gen i newyddion drwg i chi.

MISS JONES-DAVIES: Ooooooo!

Mae hi'n disgyn i freichiau'r Ficer yn llipa.

PLISMON: Peidiwch â chynhyrfu gormod! Ma gynnoch chi ddau ddyn nobl i edrych ar eich ôl chi!

MISS JONES-DAVIES: Be? Be?

PLISMON: Rhybudd sydd gen i y tro hwn.

MISS JONES-DAVIES: Wnaiff Smwt ddim byd i'r gwylanod byth eto! Wir! Dw i'n addo!

PLISMON: Am be dech chi'n malu awyr? Sgen i ddim syniad! Dod yma wnes i i'ch rhybuddio bod carcharor wedi dianc o Garchar y Berwyn yn Wrecsam, ac mae rhywun wedi ffonio'r swyddfa i ddweud ei fod yn yr ardal yma. Felly cofiwch gau pob ffenest a chloi pob drws a ffoniwch y swyddfa'n syth os welwch chi rhywun amheus o gwmpas.

PAWB: Iawn!

PLISMON: A rŵan rhaid i mi fynd i rybuddio gweddill y pentre.

Plismon yn cychwyn allan a golwg o ryddhad ar wyneb pawb. Yna mae'n troi nôl.

PLISMON: O ie! Be oeddech chi'n sôn am ryw wylanod? Ydyn nhw'n niwsans yma? Gobeithio nad ydych chi wedi lladd gwylan, yn erbyn y gyfraith cofiwch!

FICER: Na, na! Den ni'n hoff iawn o wylanod yma!

PLISMON: Da iawn! Mae gair gwas Duw bob amser yn gywir! Fase gwas Duw byth yn dweud celwydd yn na fase Ficer?

FICER: (ar fyrder) Na fase!

PLISMON: Gwylanod ddim yn eich poeni felly?

PAWB: Nac ydyn!

PLISMON: Siŵr?

PAWB: Siŵr!

PLISMON: (yn crechwenu) O'r gore! Mi a i rŵan. A chofiwch fod yn wyliadwrus am y carcharor yna.

Plismon yn mynd allan.

LLEW WILLIAMS: Dihangfa Miss Jones-Davies i chi ac i Smwt!

MISS JONES-DAVIES: O peidiwch â sôn!

LLEW WILLIAMS: Cyd-ddigwyddiad rhyfedd yn de?

FICER: Be dech chi'n feddwl?

LLEW WILLIAMS: Tipyn o sbort oedd y plu yng ngheg Smwt!

GWEN PUW: Doedd o ddim di lladd gwylan!

FICER: (yn chwerthin) Tipyn o dro yn y gynffon a deud y gwir! Ond does neb ddim gwaeth er i mi ddeud rhyw gelwydd golau bach i geisio achub Jane!

MISS JONES-DAVIES: O Timothy! Dech chi werth y byd! Ac mi roeddech chithe'n dipyn o dderyn Llew Williams! Gwalch bach a deud y gwir!

LLEW WILLIAMS: Gwaeth na'r gwylanod?

MISS JONES-DAVIES: Peidiwch â sôn am y gwylanod wir! Ma nhw wedi bod yn reit distaw ers sbel! Wedi mynd i rywle arall mae'n siŵr!

Sŵn gwylanod.

PAWB: Blincyn gwylanod eto!!

LLENNI'N CAU YN SYDYN

Y DIWEDD

A OES HEDDWCH?

gan

Dafydd Llewelyn

Perfformiwyd y ddrama hon gyntaf gan Gwmni Theatr 3D yn Eisteddfod Genedlaethol Bro Morgannwg 2012.

Cast gwreiddiol:
Mary: Heulwen Haf
Sera: Caryl Morgan
Owen: Glenn Jones
Cyfarwyddwr: William Gwyn

A OES HEDDWCH?

GOLYGFA:

Llwyfan hollol syml gyda thair cadair yn wynebu'r gynulleidfa. Yn ddelfrydol, dylai Mary ac Owen fod yn eu seddi wrth i'r gynulleidfa gerdded i mewn. Er na ddylent fod yn siarad gyda'r gynulleidfa, dylai Mary fod yn edrych ar ambell un, nodio, codi llaw ac ati. Golau i fyny.

CYMERIADAU:

Mary   Gwraig weddw ganol ei 60au, modryb Owen, un sy'n hoff o sgandals a chlecs ond ei chalon yn y lle iawn.

Owen   Clerc yn ei dridegau, annwyl ond wethiau'n rhy annwyl a ffyddlon er ei les ei hun.

Sera   30 ac yn acadamaidd alluog ond yn teimlo'n anniddig gyda bywyd.

MARY: Weli di o'n rwla?

OWEN: Na.

MARY: (gan bwyntio at aelod o'r gynulleidfa) Falla ma' fo ydio?

OWEN: Argol, 'da chi'n meddwl? Neu beth am hwnna?

MARY: Dim ffiars, mae o rhy lân, a 'di shefio.

OWEN: Beth am hwnnw 'ta?

MARY: Rhy normal.

OWEN: 'Normal'?

MARY: Ia, ma' 'na rhwbath od yn y bobl 'ma 'sti.

OWEN: Falla bod 'na'm teilyngdod.

Mary yn edrych yn gas ar Owen.

OWEN: Peidiwch ag edrych arna i fel 'na, falla mod i'n deud gwir.

MARY: Ond dwi 'di talu deunaw punt am docyn.

OWEN: Dyna 'di 'steddfod 'de – lwc neu anlwc.

Mary yn mynd i'w bag, ac yn cael gafael ar gamera bach digidol.

MARY: A brynis i hwn wsnos diwetha'. Ti'n licio fo?

OWEN: Ma'n edrych yn grand iawn.

MARY: Ma' 'na *three million* pixels arno fo, *zoom lens* o *seventy* i *two twenty*, a ma' o'n HD *compatable*.

OWEN: Sori, 'sgin i'm clem be' ydi ystyr hynny.

MARY: Na finna' chwaith, ond mae o'n swnio'n dda.

Mary yn syllu ac astudio'i chamera, ac ar ddamwain yn tynnu llun aelod o'r gynulleidfa, gyda'r flash yn gryf. (Gyda lwc, os yw'r gynulleidfa'n ymateb yn gadarnhaol, gellid cael y ddeialog canlynol, os nad gellid hepgor y pwt canlynol.)

MARY: Sori, 'da chi'n iawn? … 'Nes i'm trio'ch dallu chi. Wir yr … 'Da chi'm yn digwydd gwbod rhywbath am gameras? … Na, do'n i'm yn meddwl. Hidwch befo … Gymrwch chi grispen, *salt and vinegar* ydi nhw (dim ymateb gan aelod o'r gynulleidfa) … Wel peidiwch 'ta, dim ond trio bod yn glên o'n i. (troi at Owen) Tydi rhai pobol yn betha' sych duda?

Rhydd Mary y camera'n ôl yn ei bag.

MARY: Ma' 'na rwbath digon hyll am y gada'r 'na hefyd.

OWEN: 'Swn i'n deud bod 'na rwbath reit neis amdani, gwahanol.

MARY: Ti'n meddwl? O leia' mae'n well na'r un yn 'Steddfod Tyddewi. Ti'n cofio honno, neu oedda chdi rhy ifanc duda? Oedd hi fel rwbath allan o *MFI*, a'r hen beth pinc 'na fel trwnc eliffant. Nid fel 'na ma' cadair fod i edrych, yn arbennig cadair 'Steddfod Genedlaethol.

Cymer Mary ei Rhaglen y Dydd o'i bag, gan ddefnyddio torch fach (yn ddelfrydol un y gellid ei gosod ar ei thalcen, tebyg i'r rhai mae dringwyr a rhai sy'n mynd i ogofáu yn eu defnyddio.)

MARY: Faint o betha' sy' ar y llwyfan cyn bod seremoni'r cadeirio'n dechra' duda? … O sbïa be' 'di'r gystadleuaeth nesa', wel am *boring*. Fasa ddim yn well iddyn' nhw gynnal honna ganol nos neu tua dau yn bora duda? Pwy mewn difri calon sy' isio edrych ar ryw gradur yn 'neud campa' efo brwsh llawr? A phrun bynnag, pwy sy'n gwisgo clocsia' a ryw ddillad od fel 'na dyddia' 'ma? 'Sa nhw mynd rownd dre Caernarfon 'cw yn gwisgo fel 'na 'sa nhw ddim yn para dau funud.

Try Mary a gweld rhywun ymhlith y gynulleidfa.

MARY: Argol, sbîa pwy sy' newydd gerdded mewn, sbïa ... Sbïa, i'r chwith ohona chdi, tri o'r gloch ... Paid ... Paid â troi dy ben fel 'na, neu fydd o'n amlwg bod ni'n siarad amdani.

OWEN: Am bwy 'da chi'n siarad?

MARY: Mrs Evans, nymbar *twelve*, ei gŵr hi'n arfer gweithio yn yr adran *fish* yn Tesco. O'n i'n meddwl bod hi 'di marw ers misoedd, dwi'n siŵr mod i wedi anfon cerdyn cydymdeimlad ato a bob dim.

OWEN: Falla nid hi ydi hi.

MARY: Hi 'di'n saff i chdi. Dim ond Mrs Evans nymbar *twelve* 'sgin goesa' traed brain fel 'na.

Daw Sera i eistedd atynt. Gwena Mary yn glên arni, cyn troi rownd at Owen.

MARY: Pwy 'di hon?

OWEN: Dwn i'm.

MARY: Ond mae newydd wenu arna ni, ma'n amlwg yn 'nabod un ohona ni, a dwi 'rioed 'di gweld hi yn fy nydd.

OWEN: Falla ma' hi sy' 'di ennill.

MARY: Be'? Hon?

OWEN: Ia, mae 'di gwisgo'n ddigon del.

MARY: Tydi'n edrych braidd yn ifanc, duda? Er, erbyn meddwl dyna be ydi hannar nhw dyddia' 'ma. (saib) Falla 'sa'n syniad i fi ofyn iddi hi.

OWEN: Gofyn be'?

MARY: Os ma' hi sy' 'di ennill y gada'r.

OWEN: (nid yn gas) Calliwch 'newch chi. 'Di'm yn debygol o gyfadda'r gwir 'tha chi, nac'di?

MARY: 'Di rhywun ddim gwaeth na gofyn.

OWEN: Peidiwch … (â bod mor hy).

MARY: Helo.

SERA: Helo.

MARY: 'Da chi'n iawn?

SERA: Ydw diolch.

Saib

MARY: Mae'n braf.

SERA: Ydi.

MARY: 'Steddfod dda.

SERA: Ydi.

MARY: Ma' tywydd da wastad yn 'neud 'Steddfod dda.

SERA: Ydi.

MARY: 'Da chi'n mwynhau?

SERA: Ydw.

MARY: (tuag at Owen) Wel os ma' hon sy' 'di ennill, gobeithio bod hi'n well am 'sgwennu geiria', nag ydi hi am eu siarad.

SERA: Nagia.

MARY: Sori?

SERA: Nid fi sy' 'di ennill.

MARY: Ennill be' dudwch?

SERA: Nid fi sy' 'di ennill y gada'r.

MARY: Be' sy'n 'neud i chi feddwl mod i'n ama'r ffasiwn beth?

SERA: Ma' gin i glustia', a ma' nhw'n gweithio reit dda.

Yn gwbl fwriadol, newidia Mary y pwnc.

MARY: Un o le 'da chi felly?

SERA: Criciath.

MARY: O 'na le braf. Ma' 'na eis crîm go sbesial i ga'l yn fan 'na.

SERA: Oes.

Saib

MARY: Ma' hi'n trio deud ma' nid hi sy' 'di ennill.

OWEN: Glywis i.

MARY: Ddudis i o'r dechra' do – prin iawn fydda i'n anghywir yn yr hen fyd 'ma. A dwi wastad 'di deud mai job i ddynion ydi bod yn fardd. 'Di gweld merched yn 'sgwennu ddim cweit yn teimlo'n iawn i fi rywffor'.

Owen yn edrych bach yn od arni.

MARY: O, paid â nghamddallt i – dwi gystal ffeminist ag unrhyw un, fi oedd un o'r rhai cynta' i losgi fy mra yn dre 'cw yn y saithdega' – ond …

OWEN: 'Ond'?

MARY: 'Dan ni'n wahanol, tydan? Ma' gin ddynion ffor' o ddeud petha' sy' bach … yn fwy naturiol. 'Na chdi gyfrol y fedal 'na gwpwl o flynyddoedd yn nôl, *Oran* – 'nes i'm dallt honno o gwbl, doedd dim byd yn digwydd ynddi hi, a doedd dim sôn am ffrwytha' o gwbl ynddi.

OWEN: Dwi'n meddwl falla mai *O Ran* oedd y teitl.

MARY: Nacia!

OWEN: Ia!

MARY: Ti'n siŵr?

SERA: Ia, ma' o'n deud y gwir.

MARY: Wel, dwi dal i ddweud bod dynion yn fwy 'tebol i 'sgwennu, ma'n rhywbeth mwy *manly*.

Owen yn edrych ar Sera, ac yn hanner gwenu arni, mewn ymddiheuriad yn fwy na dim, a gwena hithau'n nôl.

MARY: 'Na chdi'r boi Myrddin ap 'na, enillodd y gadair MFI yn Nhŷddewi. Dyna be ydi dyn go iawn, *all over*. A ti'n gwbod be', fel oedd o'n cerdded allan o'r pafiliwn ar ddiwedd y seremoni, ddaru o wenu arna i, ac ysgwyd llaw efo fi. Oedd ei ddylo fo fel rhawia', ei asgwrn cefn yn syth, a'i 'sgwydda' fel rhai ceffyla'. Ew oedd o'n *macho*, es i'n wan i gyd. Dyna be ydi bardd go iawn.

OWEN: Siŵr ei fod o'n dipyn o brofiad, ca'l sefyll i fyny, y gola' 'na ar eich gwynab, a phawb yn edrych ac yn clapio ac yn eich edmygu chi – ew, 'sa hynna'n braf.

SERA: Ti 'rioed 'di treial 'sgwennu?

OWEN: Na, 'sa gin i'm syniad lle i ddechra', ond dwi wastad yn breuddwydio am ennill.

Saib

MARY: 'Sgwennis i awdl ar gyfer 'Steddfod Capal 'chydig flynyddoedd yn ôl.

OWEN: Pryd?

MARY: Ti rhy ifanc i gofio.

SERA: Argol, awdl – ma' hynna'n dipyn o gamp.

MARY: Wel, dwi'm yn hoffi sôn ryw lawer am y peth … rhag ofn i bobol feddwl mod i'n canmol fy hun.

SERA: Ddaru chi ennill?

MARY: Ddim cweit, ond ges i gam, roedd pawb yn deud hynny. Gollis i o drwch blewyn, roedd hi rhwng fi a'r llinyn trons o ddyn 'na enillodd. Hen ddynas bowld oedd y beirniad, ddim yn dallt be ydi be, a trio bod yn glyfar drwy ddefnyddio ryw eiria' crand a mawr yn ei beirniadaeth.

OWEN: Be'n union ddudodd hi 'lly?

MARY: Deud bod fy awdl braidd yn fyr.

OWEN: Ac oedd hi?

MARY: Cryno yn hytrach na byr 'swn i 'di ddeud yn hun.

OWEN: A pha mor gryno oedd hi?

MARY: Tair lein.

OWEN: Awdl tair lein?

MARY: Ia, ond roedd hi i'r pwynt, a ddim yn ryw falu awyr fel ma' lot yn 'neud heddiw. Ond dyna ni, diolch byth mod i'n berson maddeugar, a dwi'm yn chwerw am y peth o gwbl. Er, dwi dal i ddeud bod y beirniad yn hen sopan hyll, oedd yn dallt dim am farddoniaeth

Mary yn mynd i'w bag, ac yn estyn fflasg o goffi a phacad mawr o fisgedi. Yn ystod y canlynol, mae'n tywallt diod o goffi iddi hi ei hun.

MARY: Gymri di *Penguin*?

OWEN: Na, ddim diolch.

MARY: Well i ti gymryd, 'sa'n 'neud byd o les i ti, rhoi bach o flew ar y *chest* 'na sgin ti.

OWEN: Dim diolch.

MARY: Mond mynd yn wast 'na nhw. Ty'd 'laen, cym un.

OWEN: Dwi'n hollol iawn, wir i chi.

MARY: (troi at Sera) 'Da chi isio *Penguin*?

SERA: Na, dwi'n iawn diolch.

MARY: (tuag at Owen) Ti'n siŵr na gymri di un – *last chance* rŵan cofia, a ma' nhw'n neis iawn. (yn ymddangosiadol ddamweiniol tollta'i choffi ar ei sgert, a thry at Owen). Damia! Cer i ofyn i'r stiward am glwt neu gadach i fi, reit handi. Dos! cyn i fi losgi.

Owen yn gwneud fel a ofynnwyd iddi, a Sera yn ceisio helpu Mary drwy gydio yn y fflasg a'r bocs bisgedi ac ati, ac yn defnyddio ei hances o'i phoced.

MARY: Yn lle 'da chi'n aros 'leni?

SERA: Ryw ddeg milltir lawr y ffor'.

MARY: Gafo ni *B and B* bach lawr lôn – oedd Owen 'ma 'di mynd ar yr *internot* 'ma, a gafodd o le i fi fel 'na (clicio'i bysedd). Wyddoch chi, mae o'n *genius* efo compiwtars, gallu 'neud bob dim mewn chwincad. Roedd yr athrawes sy'n ei ddysgu 'di crefu arno fo i gario 'mlaen efo'r pwnc, ma'n debyg oedd pawb yn 'rysgol yn ei alw fo y Bob Gates nesa'. Ond 'na, fel 'na mae o 'di bod 'rioed – unwaith mae o wedi penderfynu ar rywbeth, does dim troi'n ôl arno fo – bach yn styfnig ydio, dwi'n beio'r tad i fod yn onest efo chi – ond 'na fo, ei fywyd o ydio, tydw i ddim yn credu mewn busnesu na 'myrryd.

SERA: Call iawn.

MARY: 'Da chi 'di bod yn gweld rhyw gonsart neu ddrama gyda'r nos wsnos yma?

SERA: Naddo, fawr o awydd i fod yn onest.

MARY: Na finna' chwaith. Dwi 'di rhoi gora' i fynd i weld dramâu ers oes, cwbl sy' 'na ydi ryw betha' *depressing* ar y naw, a ma' bywyd yn ddigon anodd fel ma' hi. Rywbath sy'n 'neud i bobol chwerthin sy' isio yn yr hen fyd 'ma, nid rywbath trwm a thywyll, sy'n codi'r felan ar rywun.

Saib

MARY: 'Da chi'n sengl?

SERA: Pam bod chi'n gofyn?

MARY: Dim rheswm … Dim rheswm o gwbl … Mond gofyn, i basio amser fel tae.

Saib

MARY: Wel?

SERA: Ydw … Nac'dw.

MARY: Wel, naill ai mi ydach chi, neu tyda chi ddim.

SERA: Ydw.

MARY: Grêt.

Sera yn edrych arni'n syn.

MARY: Na na, bechod o'n i'n ei feddwl – henaint, dwi'n drysu ngeiria' bob munud. (saib) Hogan ddel fel chi. Ddylia chi fod yn briod efo chwech o blant erbyn hyn.

SERA: Diolch, ond dwi'n ca'l digon o draffath edrych ar ôl fy hun, heb sôn am deulu a phlant.

MARY: Twt, 'sa chi'n *natural* – dwi'n siŵr o hynny. (saib) Faint 'di'ch oed chi?

Edrycha Sera ar Mary, gan awgrymu bod cwestiwn o'r fath braidd yn hy a dweud y lleiaf.

MARY: Mond holi 'dwi – i basio amsar 'de, nes bod y gystadleuaeth *boring* ma' 'di gorffan.

SERA: Deg ar hugain.

MARY: Perffaith. Jyst perffaith.

SERA: Ar gyfer be'?

MARY: Ma' 'na lot o ferched isio bob dim dyddia' 'ma – ca'l ryw joban brysur a cha'l plant 'run pryd. Wn i am rai sy' ddim yn dechra' planta nes eu bod nhw yn eu *forties* cynnar – ma' hynna'n fistêc mawr 'sa chi'n gofyn i fi. Ond ma' *thirty*, jyst yn berffaith.

Saib

MARY: Ma' Owen yn sengl hefyd. O peidiwch â nghamddallt i, ma' 'na lot o ferched rownd ffor'cw wedi gwirioni'n bot efo fo – ei haslo bob munud, isio iddo fynd â nhw allan am ddêt ac ati.

SERA: Pam nag ydio felly?

MARY: Disgw'l am y *special one* mae o 'de?

SERA: A tydi honno ddim yn byw ffor' chi?

MARY: Nac'di – a ma' hynny'n beth da iawn hefyd. Dwi wastad 'di deud ma' 'na ormod *in-breeding* yn digwydd acw. 'Sa chi'n synnu gymint o blant bach sy' hyd lle 'cw efo llygyd croes, clustia' mawr a dannedd cam – ma' hynna'n arwydd pendant bod rhwbath go amheus 'di digwydd, saff i chi.

SERA: (yn ddigon diamynedd) Dudwch chi.

MARY: A ma' gynno fo Owen sleifar o gar, fasa fo ddim chwinciad yn dod draw i'ch gweld chi yng Nghriciath. 'Sa chi'ch dau'n medru ca'l rhannu ryw eis crîm bach efo'ch gilydd ar lân-môr, 'sa chi'ch dau wrth eich bodd.

SERA: 'Da chi'm yn meddwl fod o'n ddigon hen i 'neud y penderfyniad drosto'i hun?

MARY: O ran ei oed falla, ond rhy annwyl ydio 'de – dwi 'di trio ngora' i'w wthio i'r cyfeiriad iawn sawl tro, ond mae o fath yn union â dryw bach. Dwi wastad 'di deud, tasa fo'n cymryd drygs ac yn yfad pymthag peint bob nos, 'sa fo 'di priodi dair gwaith, ac yn dad i ddeg o blant erbyn hyn … Na, rhy annwyl ydi'r cradur bach, ond 'sa fo'n *catch* da iawn i rywun.

Cyn i Sera gael cyfle i ymateb, daw Owen yn nôl gyda chlytiau a hancesi papur, gan sychu gweddillion y coffi.

MARY: Diolch i chdi. Ma' rhy dywyll yn y lle 'ma, 'di rhywun ddim yn gallu gweld lle mae'i geg yn iawn. A does 'na'm lot o *ventilation* yma chwaith, mae'r *Penguins* 'ma'n toddi ar ddim. Tafla'r hancesi papur 'na dan y set, 'neith o *job* i rywun.

OWEN: 'Naetho chi ddim llosgi?

MARY: Naddo, twt, dwi'm isio ffys – dwi'n iawn. Well chdi ista' lawr, neu fydd y tipyn arweinydd 'na sy' ar y llwyfan yn edrych yn flin. Ma' golwg digon pigog arno fo ar y gora', a ma'i dreiglada' fo'n sobor, a ma'n mynnu defnyddio geiria' Saesneg yng nghanol ei frawddega'. 'Sa fo'n 'neud yn iawn ar S4C.

Fe â Mary i'w bag, a thynnu ei bocs bwyd, gan ddechrau claddu ei brechdanau.

MARY: Ew, dyna be ydi nefoedd i fi – brechdan salmon.

SERA: Eog ydi'r gair.

MARY: Dwi'm yn teimlo'n euog o gwbl – 'da chi'n gwybod pa mor ddrud ydi bwyd ar y maes 'ma? *Two pound thirty* am datan wedi'i thorri'n ddwy a sleisan deneua 'rioed o gaws yn canol – ma'r peth yn gwbl warthus.

SERA: Na na, 'eog', dyna'r gair Cymraeg am *salmon*.

MARY: O, un o'r rheiny 'da chi, ia?

SERA: 'Un' o beth yn …

MARY: (torri ar ei thraws) Gwrandwch 'mach i, i chi ga'l dallt dwi gystal Cymraes ag unrhyw un, dwi 'di prynu pob rhifyn o *Barn*, *Y Goleuad* a *Farmer's Weekly* ers *nineteen seventy two*, ond tydw i'm yn credu mewn bod yn eithafol. Cymedroldeb, dyna'r gair allweddol i fi. Cymrwch chi'r Dafydd Iwan 'na – falla bod gynno fo lais fel cloch pan mae o'n holi pam bod eira'n wyn, ond dwi'n ei gofio fo fel ryw ddyn gwyllt o'r coed yn dwyn *signs* a ballu yng nghanol y chwedega'. Doedd dim angen hynny o gwbl – oedd o'n hollol *wrong*.

SERA: Doedda chi ddim yn cytuno efo'r syniad o ga'l arwyddion ffyrdd Cymraeg 'ta?

MARY: Mewn egwyddor wrth gwrs mod i, ond doedd dim angen iddo fynd mor bell. 'Sa fo 'di gallu ista lawr a siarad efo'r polis a bobol debyg, ca'l deud ei ddeud mewn ffordd mwy gwaraidd.

SERA: Ond heb y protestio, 'sa 'na neb 'di gwrando arno fo.

MARY: Ma' 'na fodd protestio heb fynd dros ben llestri. (troi at Owen) On'd does?

OWEN: Oes, ond …

MARY: Ac roedd y ffor' nath o drin Charles adeg yr Arwisgiad 'na'n gywilyddus. Cwbwl 'nath y cradur bach 'na oedd trio'i ora', nath o hyd yn oed drio dysgu'r Gymraeg er mwyn ein plesio ni. A be' nath Dafydd Iwan a'r criw o rabsgaliwns 'na? Ei heclo fo, ei watwar o, a'i ddilorni. Oedd gin i gwilydd galw'n hun yn Gymraes wrth weld yr *extermists* 'na wrthi. Dwi mond yn gobeithio bod o 'di deud sori wrtho fo pan gafodd y ddau banad a sgonsan 'chydig o flynyddoedd ôl.

SERA: Ond ffars oedd y cwbwl – 'sa nhw byth 'di meiddio 'neud y fath beth mewn unrhyw wlad arall, oedd y cyfan yn sarhad.

MARY: Sut 'da chi'n gwybod? Doedda chi ddim 'di ca'l eich geni 'radag hynny, doedda chi ddim yno, fel o'n i.

SERA: Astudes i Hanes Cymru yn y coleg, a dwi'n 'neud gwaith ymchwil ar …

MARY: (ar ei thraws) O'n i'n ama'. Darllen cwpwl o lyfra' a 'da chi'n meddwl bod chi'n *expert* ar bopeth. 'Da chi'n union yr un fath â'r bobol sy'n yr *Assembly* 'na'n Caerdydd. 'Di rheiny ddim 'di byw, cwbl ma' nhw'n 'neud ydi ista mewn hanner cylch yn malu awyr a blingo trethdalwyr tlawd fel fi. Gyda'r holl bres mae o'n ei ga'l, 'sa chi'n meddwl y byddai'r pen *bandit* Rhodri Morgan 'na'n gallu fforddio crib a chrys a tei sy'n *matchio*.

SERA: Ma' Rhodri Morgan 'di hen adael y byd 'ma.

MARY: Nac'di tad.

OWEN: Ydi, mae o.

MARY: Wel ma' hynny'n profi mod i'n iawn o'r dechra', tydi?

SERA: Sut hynna?

MARY: Wel os ydio wedi hen fynd o'r byd 'ma, ma'n amlwg bod y boi sy' 'di cymryd yr awena' ddim yn 'neud joban dda ohoni, neu 'swn i'n gwbod amdano fo. Na, ma' rhoi isio bom dan y bali lot, a mynd nôl fel oedd hi.

SERA: Beth, nôl i oes Victoria, neu falla 'sa well gynno chi fynd reit nôl i oes y cerrig?

MARY: O leia' roedd bywyd yn haws ac yn symlach 'radag hynny, roedd pawb yn gwybod eu lle, ac yn hapusach eu byd. Ma' na lot i ddeud wrth ga'l rwtîn yn eich bywyd, dallt be 'di be, mae o'n rhoi patrwm i rywun, a sefydlogrwydd – ma' pawb isio hynny. A cynta'n byd i chi sylweddoli hynny, gora' byd.

SERA: Pwy ddiawl 'da chi'n meddwl ydach chi? Ista fan 'na fel ryw blydi eliffant mowr yn porthi ac yn deud be' ddyle pawb ddeud a'i 'neud.

Mary yn edrych yn gegrwth ar Sera, sydd bellach ar gefn ei cheffyl.

SERA: A pham goblyn 'da chi'n dod i'r 'Steddfod 'ma o gwbl? Cwbl 'da chi wedi'i 'neud ers i fi ista 'ma ydi gweld bai a chwyno cwyno, cwyno.

MARY: Tydwi'm 'di 'neud y ffasiwn beth.

SERA: Does dim byd yn iawn gynno chi, ma' pawb a phopeth yn anghywir gynno chi, a dwi 'di laru clywed chi'n hefru 'mlaen yn ddi-ddiwedd.

Mary yn codi ar ei thraed, ac yn rhoi'i bocs bwyd i Owen.

MARY: Hwda, gafaela yn hwn i fi.

OWEN: Lle 'da chi'n mynd?

MARY: I'r lle chwech – ma' Llywydd y Dydd ar fin dechra' siarad, a ma' rheiny'n betha' mor ddifrifol o *boring*, waeth i mi ga'l clirio fy system fel mod i'n gyfforddus ar gyfer y cadeirio.

Mary yn gadael y llwyfan.

SERA: Ma'n ddrwg gin i.

OWEN: 'Sdim isio chdi ymddiheuro wrtha'i.

SERA: Oes! Dylen i ddim 'di gweiddi ar dy fam fel 'na – sori.

OWEN: 'Sdim isio chdi ddeud sori, o'n i'n meddwl bod o reit ddoniol – bach yn ansensitif falla, ond yn ddoniol er hynny. (saib) A gyda llaw, nid fy mam ydi hi, ond fy anti.

SERA: Wel sut bynnag 'da chi'n perthyn, ma' gin hi farn ar bopeth.

OWEN: (dan wenu) Oes, ac yn credu mewn rhannu'i doethineba' efo pawb yn yr hen fyd 'ma. Ond tydi hi ddim yn ddrwg i gyd 'sti. Ma' hi'n meddwl yn dda – gan amla' o leia'.

Saib

OWEN: Os ydio rywfaint o gysur, dwi'n digwydd bod yn cytuno efo chdi. Ynglŷn â'r busnas Arwisgiad ac ati – chdi oedd yn iawn.

SERA: Pam na ddudis di hynny 'ta?

OWEN: Ma'n haws deud dim weithia'.

SERA: Jibio yw hynna, 'ista ar y ffens.

OWEN: Ia, ond weithia' ma' hynny'n haws.

SERA: Dim asgwrn cefn.

OWEN: Neu 'gwan fel dryw bach' fel ma'n anti wastad yn ei ddeud amdana i – ia, beryg bod chdi'n iawn.

SERA: Sori, dyliwn i ddim 'di deud hynny, roedd o'n annheg, prin dwi'n dy 'nabod di. Tydw i'm mewn ryw hwylia' rhy sbesial fy hun, ac oedd clywed dy fodryb di'n malu awyr fel 'na ... Sori.

OWEN: Ma'n ocê.

Sera ac Owen yn rhannu gwên. Saib.

SERA: O leia' oedd dy fodryb di'n iawn am llywydd y dydd, ma' o'n uffernol o *boring*.

OWEN: Pam ti'n ista yma 'ta?

SERA: Cuddio.

OWEN: Sori, do'n i ddim yn meddwl busnesu.

SERA: 'Da ni i'w weld yn deud 'sori' yn aml iawn wrth ein gilydd.

Sera ac Owen yn rhannu gwên arall. Saib.

SERA: 'Ddes i'r 'steddfod 'ma yn y gobaith 'swn i'n gweld hen gariad. O'n i isio'i weld o unwaith eto, a 'nes i feddwl falla 'sa fo hyd y maes 'ma'n rhwla …

OWEN: Ac w't ti 'di'i weld o?

SERA: Do, dyna pam ddes i mewn i'r pafiliwn 'ma, i guddio.

OWEN: Ond o'n i'n meddwl bod chdi isio'i weld o.

SERA: Dyna o'n i'n ei feddwl hefyd. 'Da ni 'di gorffan ers chwech mis, a dwi'm 'di 'neud dim byd ond crïo fel babi ers hynny, a dyheu 'sa ni'n mynd nôl efo'n gilydd. Fo o'dd yn nhiwtor Hanes i'n coleg, ac oedd o wastad yn sôn gymint ma' 'steddfod 'di 'neud dros y wlad, a'r iaith, yn arbennig yn y chwedega', a bod o'n le ffantastig. Felly dyma ddod draw i chwilio amdano fo.

OWEN: Ond?

SERA: Ma' 'na wastad 'ond', 'does? (saib) Brynis i'r ffrog 'ma, a pharatoi fy araith, gan ddeud mai ffawd oedd 'di dod â ni at ein gilydd. Ond pan weles i o ger fan y *Welsh lamb burgers* yn snogio'r stiwdant goman 'na, sylweddolis i gymint o goc oen tew ac afiach ydio, a mod i 'di ca'l dihangfa lwcus. Jyst ar yr eiliad 'na, edrychodd o'n syth tuag ata i, a redis i mewn i fan hyn reit handi, i'w osgoi, ac i guddio.

OWEN: A'n Anti'n meddwl ma' 'di dod mewn 'ma i nôl y gadair 'nes di.

SERA: Falla ryw ddydd, ond nid heddiw.

OWEN: Wel os wela i 'coc oen tew ac afiach' yn y rhestr testuna' flwyddyn nesa', fydda i'n gwybod pwy fydd y ffefryn.

SERA: O'n i wir yn credu mod i'n ei garu o, ac y basa ni efo'n gilydd am byth – ma' hynna'n swnio mor *corny* rŵan, tydi? Ond o'dd e'n wir ar y pryd. Pan glywis i gynta' bod o'n ca'l ffling efo'r stiwdant 'ma, es i draw i'w dŷ o, a gweld y ddau'n rhannu mwy na rhyfeddoda' Iolo Morganwg. Dorris i nghalon.

Saib

SERA: Dwi mor flin efo fi'n hun – dwi 'di bod yn actio fel taswn i'n hogan ysgol fach, a 'di wastio misoedd o'm mywyd yn crïo dros ryw sinach di-ddim fel 'na.

OWEN: 'Sdim pwynt i chdi feddwl fel 'na, mae o 'di digwydd rŵan, y peth gora' i chdi 'neud ydi anghofio amdano fo'n llwyr, symud ymlaen, a chwilio am rywun call, del ac yn bwysicach, rywun 'neith sticio efo chdi drw' bob dim. (saib) Oedd hynna'n swnio bach yn bregethwrol, doedd?

SERA: Oedd.

OWEN: Ond mae o'n wir.

SERA: Siarad o brofiad?

Yn gwbl fwriadol, nid yw Owen yn ateb. Saib.

SERA: Glywis i bod gen ti sleifar o gar.

OWEN: Be'?

SERA: Dy fodryb oedd yn cynnig bod chdi'n troi trwyn dy gar am Griciath rywbryd.

Owen yn edrych yn synn ar Sera.

SERA: Fel ein bod ni'n ca'l rhannu eis crîm cyn priodi a cha'l deg o blant efo'n gilydd.

OWEN: Blydi hel!

Sera'n chwerthin yn ysgafn.

OWEN: Dwi mor ...

SERA: Wn i, 'sori'!

OWEN: Doedd gin hi'm hawl.

SERA: Trio helpu oedd hi debyg.

OWEN: Be arall ddudodd hi?

SERA: Dim.

OWEN: Ty'd 'laen, bydd yn onast efo fi – be arall ddudodd hi?

SERA: Deud ... Ma' chdi 'di stalwyn mwya' ardal Caernarfon ... A bod chdi'n ffeindio hi'n anodd i gadw rheolaeth ar yr holl ferchad 'ma ... Sy'n taflud eu hunain tuag ata chdi.

OWEN: Fydda i 'di tagu'r ddynas 'na un o'r diwrnoda 'ma.

SERA: Isio dy weld di'n hapus ma' hi.

OWEN: Nacia tad. Ti ond yn 'nabod hi ers pum munud.

SERA: Wn i hynny, ond ...

OWEN: Ma' hi'n 'neud hyn drw'r adeg – ma' isio mynadd Jôb efo hi.

SERA: Allai ddallt pam bod chdi'n ...

OWEN: Na, dw't ti'm yn dallt, does neb yn dallt, 'sgin neb syniad pa mor anodd ydio. Ar ôl i Yncl Tomi fynd, doedd hi'm yn gallu dygymod ar ei phen ei hun, ac fel oedd hi'n deud wrth bawb ganweth mewn diwrnod, doedd gin hi'm neb arall. A cwbl ma' hi 'di 'neud ers y diwrnod hwnnw ydi sticio'i thrwyn i mewn i musnas i trw' dydd, bob dydd. (saib) 'Nath hi ofyn faint ydi dy oed di hefyd debyg?

Sera'n raddol nodio'i phen i gadarnhau hynny.

OWEN: 'Di'm hyd yn oed yn 'neud o'n gynnil bellach.

SERA: Be', ti'n trio deud …

OWEN: Ydi, ma' hi'n 'neud hyn bob tro mae'n gweld unrhyw ddynas sy' rhwng ugain a deugain oed, ac sy'n ffitio'r *criteria* sy'n ei phlesio hi. Ond 'nes di bach o smonach o betha' drw' amddiffyn Dafydd Iwan, doedd hynna ddim yn rhan o'i chynllun. 'Di'm yn hoffi *nationalists*, fel ma' hi'n galw nhw, dyna pam aeth hi o'i cho, 'nes di chwalu'i delfryd.

SERA: Ti'n 'neud o swnio fel ryw ymgyrch filitaraidd.

OWEN: Dyna'n union ydio iddi hi, ma' hi ar dân i ga'l parhâd i'r teulu, iddi ga'l deud a dangos i bawb yn y capal a Merched y Wawr nad ydi hi'n fethiant, a bod ganddi hitha' deulu ac etifedd.

SERA: Chafodd hi 'rioed blant ei hun?

OWEN: Na, ma'n debyg bod Yncl Tomi'n saethu *blanks*, a na'th hi byth cweit faddau iddo fo na Duw am hynna. Ond ma' hi'n trio 'neud yn iawn am hynny drwydda i. (saib) Tasa hi ond yn sylweddoli'r gwir.

Edrycha Sera ar Owen.

OWEN: Ty'd 'laen, paid â thrio cyboli nad w't ti wedi ama'.

SERA: Ama' be?

OWEN: Tasa chdi a fi'n byta tunnell o hufen iâ, 'sa ni byth yn priodi a cha'l plant. Mwy na fi ag unrhyw ferch arall. Well gin i'r *flake* na'r hufen iâ.

SERA: A tydi dy fodbryb yn gwybod dim?

OWEN: Dwn i'm – weithia' dwi'n meddwl ei bod hi, ond ar adega' erill … A chyn i ti ofyn, o'n mi o'n i'n siarad o brofiad gynna'. O'n i'n gweld rhywun am sbelan, ac oedd o isio i ni symud mewn efo'n gilydd, a bod yn gwpwl 'normal', beth bynnag ydi hwnnw.

SERA: Ond doedda chdi ddim?

OWEN: Argol o'n. 'Swn i 'di rhoi'r byd i gyd am ga'l 'neud hynny, o'n i 'di gwirioni fy mhen efo fo, a fynta efo finna' … Ond allwn i ddim … Ma' hi'n gallu bod yn niwsans, a dwi'n gorfod cyfri i gant yn aml iawn efo hi, ond ar ddiwedd y dydd, hi di'n Anti Mary i, a 'swn i byth yn ei brifo hi.

SERA: Ti 'di siarad efo hi am y peth?

Ysgwyda Owen ei ben i ddangos nad yw wedi mentro.

SERA: Tasa ti'n trafod efo hi, falla 'sa hi'n hollol iawn am y peth.

OWEN: A falla 'sa hi ddim, alla i'm cymryd y risg yna.

SERA: Ond alli di ddim byw dy fywyd di jyst er mwyn ei phlesio hi chwaith.

OWEN: Be ti'n gynnig mod i'n 'neud, rhoi gwenwyn llygod mawr yn ei phacad o *Penguins*?

SERA: Nacia, ond ma' rhaid bod rhywbath alli di ei 'neud.

OWEN: Fel be'n union 'lly?

Sera yn edrych ar Owen, ond heb allu cynnig dim.

OWEN: Yn hollol! Fuos i'n chwilio am ateb am sbel hir, ond dwi 'di rhoi gora' iddi bellach, ma'n haws, ac yn brifo llai.

SERA: Coda dy bac a symuda i rwla arall i fyw 'ta.

OWEN: Coelia di fi, dwi 'di 'neud hynny ganwaith; ond 'di troi nôl wrth y giât ar y funud ola' bob tro. Rêl dryw bach 'de? 'Sa hi'n torri'i chalon, a tasa rwbath yn digwydd iddi hi, 'swn i byth yn madda' i fi'n hun. Ac er mod i 'di'n dyheu droeon iddi gicio bwcad, ar ddiwedd y dydd, pan ddigwyddith hynny, dwi'n gwbod fydd gin i neb o'n nheulu ar ôl.

Daw Mary yn ei hôl, gan sythu'i sgert.

MARY: Fu raid i fi gerdded i ben arall y cae cyn ffeindio lle chwech call, er does 'na'm byd gwell na cha'l gwagiad iawn, nagoes? Am faint rhagor ma'r cradur bach ma'n mynd i fod ar y llwyfan dudwch?

Saib

SERA: Dwi isio ymddiheuro i chi.

MARY: 'Sdim isio.

SERA: Oes. 'Dwi'm yn difaru deud y petha' 'nes i, ond ma'n ddrwg gin i am godi'n llais arna chi.

MARY: Wel, mi oedda chi bach yn siarp a deud y lleia'.

OWEN: Ond 'da chi wastad yn deud pa mor bwysig ydi siarad yn blaen ac yn onest efo bobol.

MARY: Ma' hynny'n wahanol.

SERA: Sut hynny?

MARY: Wel … Wel … Yn un peth, dwi'n hŷn na chi.

SERA: Tydi hynna'm yn 'neud unrhyw wahania'th.

MARY: Ydi'n tad – mi ddylia chi bobol ifanc ddangos mwy o barch at y genhedlaeth hŷn.

OWEN: Dylia neb ddisgw'l ca'l parch, ma' rhaid iddyn' nhw'i ennill.

MARY: O, ti'n ochri efo hi rŵan.

OWEN: Tydio'm yn fater o ochri efo neb.

MARY: Wel, fel 'na mae o'n swnio felly i fi.

OWEN: (yn eitha' siarp) Calliwch ddynas.

SERA: Ylwch, dwi jyst isio ymddiheuro am godi'n llais efo chi, iawn.

MARY: Iawn. Diolch, a dwi'n derbyn yr ymddiheuriad.

Saib

OWEN: (gan syllu ar Mary) Ond mae wastad yn cymryd dau i ffraeo, tydi? A ma' deud sori yn gam dewr.

Saib annifyr

MARY: Falla mod i wedi bod bach yn llawdrwm efo chi – ma' gynno chi gymint o hawl i'ch barn ag unrhyw un arall.

SERA: Ai'ch ffor' chi o ddeud sori ydi hynna?

Nid yw Mary yn ateb yn fwriadol.

MARY: Haleliwia ma' llywydd y dydd 'di gorffen ei sbîl.

SERA: Reit, well i fi fynd, cyn i'r orsedd gyrraedd.

MARY: 'Da chi 'rioed yn mynd rŵan – dyma uchafbwynt yr wsnos siŵr.

SERA: Falla wir, ond ma'n hen bryd i fi fentro allan i'r awyr iach.

MARY: Wel, eich collad chi fydd o – fydd hi'n chwip o seremoni.

SERA: Hwyl i ti Owen.

OWEN: Hwyl. Pob lwc efo'r gwaith ymchwil.

SERA: Diolch. Pob lwc i chdi hefyd.

Gwena Sera ac Owen ar ei gilydd.

MARY: Dwi'n gwbod bod ni 'di ca'l geiria' gynna', ond ma' hi 'di bod yn braf eich cyfarfod chi. A phwy a ŵyr, falla welwn ni chi ffor 'cw rywbryd.

Gwena Sera yn gwrtais ar Mary.

MARY: A tydi Criciath ddim yn rhy bell i ninna' chwaith, nac'di Owen?

Yn gwbl fwriadol, nid yw Owen yn ateb.

MARY: Hogan fach ddigon clên. (dim ymateb) Owen!

OWEN: Be'?

MARY: Gwranda arna i pan dwi'n siarad efo chdi. Hogan fach digon clên, toedd?

OWEN: Oedd.

MARY: Be oedd ei henw hi duda?

OWEN: Dwn i'm.

MARY: 'Nes di'm gofyn?

OWEN: Naddo.

MARY: Owen bach, ti'n anobeithiol. Be 'nai efo chdi duda?

OWEN: Dwn i'm.

MARY: Na finna' chwaith. Ti rêl dryw bach.

OWEN: Ydw debyg.

MARY: Ti isio *Penguin*?

OWEN: Nagoes.

MARY: Ty'd 'laen, wn i'n iawn ma' rhein ydi dy *favourites*.

Estynna Mary fisgedan bob un iddynt.

OWEN: Diolch.

MARY: Dwi dal i ddeud bod y gada'r 'na'n hyll 'sti.

Yn ystod y canlynol, mae'r golau'n raddol wanio.

MARY: Hei, ma'r gola'n mynd lawr, ma' ni – lle ma'r Myrddin ap bach 'na duda? O welai o, o sbïa crand 'dio yn ei 'sgidia cowbois Cymreig, ew, ma'i weld o'n 'neud fi'n falch o fod yn Gymraes. Sbïa arno fo, mewn difri calon, tydio'n gorjys? 'Swn i'm yn meindio iddo fo ddysgu fi sut i gynganeddu. Dyma be ydi Cymru go iawn.

GOLAU I LAWR